LE MONDE À PORTÉE DE LA MAIN

De grandes idées illustrées simplement

David J. Smith • Illustrations de Steve Adams

Texte français de Claude Cossette

Éditions
SCHOLASTIC

Les nombres astronomiques et les données de ce livre sont factuels; ils sont fondés sur les connaissances actuelles. Mais personne ne sait exactement quel est l'âge de la Terre, quelle est la taille de l'univers, combien il y a de personnes sur la planète, ou encore quand sont apparus les premiers animaux et combien il y a d'espèces en tout. Lorsqu'il est question de chiffres vertigineux, la marge d'erreur est grande. Dans ce livre, les données s'appuient sur les estimations les plus fiables.

Je dédie ce livre aux enseignants et collègues qui m'ont aidé à comprendre et à estimer notre place dans l'univers : Kathleen Raoul, Stan Sheldon, Mary Eliot, Ned Ryerson, Frederick S. Allis, Jack Schliemann, Bill Bellows, Anne McCormack, Jen Tobin, Jane Hardy et beaucoup d'autres. Et à l'invincible Val Wyatt pour son soutien indéfectible. Et toujours à Suzanne, ma boussole et mon étoile du Nord. — D. J. S.

À Kaliane, Nick, Samantha, Stella-Rose et Victoria : vos mains, petites aujourd'hui, feront de grandes choses demain! — S. A.

Catalogage avant publication de Bibliothèque et Archives Canada

Smith, David J. (David Julian), 1944
[If. Français]
Le monde à portée de la main / David J. Smith, auteur ; Steve Adams, illustrateur ; Claude Cossette, traducteur.

Traduction de : If. Comprend des références bibliographiques.
ISBN 978-1-4431-3819-2 (couverture souple)

1. Astronomie--Ouvrages pour la jeunesse. 2. Histoire universelle--Ouvrages pour la jeunesse. 3. Population--Ouvrages pour la jeunesse. 4. Ressources naturelles--Ouvrages pour la jeunesse. 5. Sciences naturelles--Ouvrages pour la jeunesse.

I. Adams, Steve, illustrateur II. Titre. III. Titre: If. Français.

Q163.S6514 2014   j500   C2014-901274-8

Édition publiée par les Éditions Scholastic, 604, rue King Ouest, Toronto (Ontario) M5V 1E1 avec la permission de Kids Can Press Ltd.

5 4 3 2 1 Imprimé en Malaisie CP130 14 15 16 17 18

Conception graphique de Marie Bartholomew

Table des matières

Un peu de perspective

Quelle est la taille de la Terre, du système solaire ou de notre Galaxie?
Quel âge a notre planète? Quand les animaux et les humains y ont-ils fait leur apparition?
Certaines choses ont une telle ampleur ou remontent si loin dans le temps que nous avons de
la peine à nous les représenter. Et si nous prenions ces objets et ces événements démesurés
qui sont si difficiles à imaginer et que nous les comparions à des choses que nous pouvons
voir, sentir et toucher? Notre monde nous apparaîtrait immédiatement sous un nouveau jour.
C'est ce que ce livre propose; il réduit l'échelle des événements, des espaces et des durées
qui sont vertigineux pour les ramener à quelque chose que nous pouvons comprendre.
Si tu as déjà eu une poupée ou un modèle réduit d'avion, tu comprends ce que réduire l'échelle
signifie. Un modèle réduit est une petite version d'une chose plus grande. Chacune de ses
parties est réduite proportionnellement afin, par exemple, que la poupée n'ait pas des pieds
énormes ou que le modèle réduit d'avion n'ait pas des ailes géantes.
Et lorsqu'on contracte quelque chose de vraiment gigantesque, comme
le système solaire ou toute l'histoire de l'humanité, on obtient parfois
des résultats très surprenants, comme tu vas le voir...

NOTRE GALAXIE

Si nous réduisions notre Galaxie, la Voie lactée, à l'échelle d'une assiette...

★ tout notre système solaire — le Soleil et les planètes — serait beaucoup plus petit que ce grain de poussière, si petit qu'on ne pourrait pas le voir.

★ l'Univers visible, par ailleurs, aurait à peu près la taille de la Belgique.

Le télescope spatial Hubble permet de voir environ 3 000 galaxies. Si chacune de ces galaxies était représentée par une assiette...

✫ on obtiendrait une pile de 3 000 assiettes faisant environ 115 m de hauteur, soit à peu près la hauteur d'un édifice de 38 étages.

Dans tout l'Univers, il y a plus de 170 milliards (170 000 000 000) de galaxies.

Si chacune était une assiette...

✫ la pile ferait environ 6 720 000 km de hauteur, soit 17 fois la distance entre la Terre et la Lune.

Pour mesurer la distance dans l'espace, on utilise une unité de mesure appelée année-lumière. Une année-lumière est la distance que franchit la lumière en une année : 9 460 800 000 000 km. C'est une distance vertigineuse!

La longueur de notre système solaire est d'environ 1/1 000 d'année-lumière.

Notre Galaxie, la Voie lactée, fait environ 100 000 années-lumière de diamètre.

Le diamètre de l'Univers visible fait approximativement 92 milliards (92 000 000 000) d'années-lumière.

L'Univers est donc 920 000 fois plus vaste que notre Galaxie. Notre Galaxie, elle, est 100 millions (100 000 000) de fois plus grande que notre système solaire.

LES PLANÈTES

Si on comparait les planètes du système solaire à des balles ou à des ballons et que la Terre avait la taille d'une balle de baseball...

✮ Mercure aurait la taille d'une balle de ping-pong.

✮ Vénus serait une balle de tennis.

✮ Mars serait une balle de golf.

✮ Jupiter serait un ballon d'exercice.

✮ Saturne serait un ballon de plage.

✮ Uranus serait un ballon de basketball.

✮ Neptune serait un ballon de soccer.

Le Soleil serait le plus gros; il ferait environ dix fois le diamètre de Jupiter.

Mercure

Vénus

Terre

Mars

Jupiter

Si les planètes du système solaire étaient disposées sur un terrain de football de 100 verges, et que le Soleil avait la taille d'un pamplemousse sur une ligne de but...

✶ Mercure serait sur la ligne de 4 verges, Vénus sur celle de 7 verges, la Terre sur celle de 10 verges et Mars, sur celle de 15 verges. Chacune aurait environ la taille d'un grain de sel.

✶ Jupiter serait un gros pois, posé un peu plus loin que la ligne médiane, et Saturne, un pois plus petit sur la ligne de but opposée.

✶ il serait impossible de voir Uranus et Neptune. Chacune serait de la taille d'une graine de sésame et très loin à l'extérieur de la ligne de but.

Saturne

Uranus

Neptune

9

L'HISTOIRE DE LA TERRE

Si on condensait l'histoire de la Terre, soit 4,5 milliards d'années, en une seule année...

Janvier
Février
Mars
Avril
Mai
Juin
Juillet
Août
Septembre
Octobre

Si toute l'histoire de la Terre, à partir de ses tout premiers débuts, était racontée dans un DVD de deux heures, les humains apparaîtraient à la dernière seconde de la vidéo.

Novembre

Décembre

* la Terre se formerait le 1er janvier.

* la Lune apparaîtrait vers la mi-février. Les océans et l'atmosphère apparaîtraient pendant la troisième semaine de février de même que la masse terrestre, qui finirait par se scinder pour former les continents.

* les toutes premières formes d'organismes vivants feraient leur apparition dans la mer pendant la troisième semaine de mars.

* des organismes vivants plus complexes apparaîtraient dans la mer au mois d'avril.

* vers la mi-juin, les algues et d'autres organismes microscopiques dans la mer relâcheraient de l'oxygène dans l'atmosphère, ce qui permettrait à d'autres organismes vivants qui respirent de l'oxygène de voir le jour. À la fin du mois de juin, la première grande époque glaciaire débuterait.

* début novembre, une autre grande époque glaciaire commencerait et des organismes vivants plus complexes, comme les petits poissons, feraient leur apparition. Entre fin novembre et mi-décembre, plusieurs nouveaux organismes vivants se formeraient et les premiers animaux apparaîtraient sur Terre.

* autour du 18 décembre, les premiers oiseaux verraient le jour suivis, autour du 22 décembre, des premiers mammifères. Près du dernier jour de décembre, les humains feraient enfin leur apparition.

LA VIE SUR TERRE

Si la vie sur Terre, qui s'étend sur 3,5 milliards d'années, était réduite à une heure...

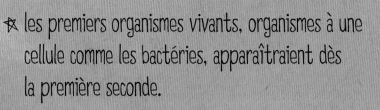

☆ les premiers organismes vivants, organismes à une cellule comme les bactéries, apparaîtraient dès la première seconde.

☆ les poissons apparaîtraient à 51 minutes et 10 secondes, et les amphibiens à 54 minutes et 10 secondes.

☆ les dinosaures arriveraient à 56 minutes pour disparaître 3 minutes plus tard.

☆ les mammifères feraient leur apparition à 56 minutes et 25 secondes.

☆ les premiers oiseaux apparaîtraient à 58 minutes.

☆ nos premiers ancêtres humains arriveraient enfin, à 59 minutes et 56 secondes.

☆ les humains modernes arriveraient à 59 minutes et 59,8 secondes.

Si on comparait la vie sur Terre à une journée (24 heures au lieu d'une heure), alors le premier organisme vivant apparaîtrait tout juste après minuit; les poissons à 20 h 28; les premiers mammifères à 22 h 36; et nos premiers ancêtres humains, autour de 23 h 36. Les humains modernes apparaîtraient 5 secondes avant minuit, au moment même où la journée se termine.

LES ÉVÉNEMENTS DES TROIS DERNIERS MILLÉNAIRES

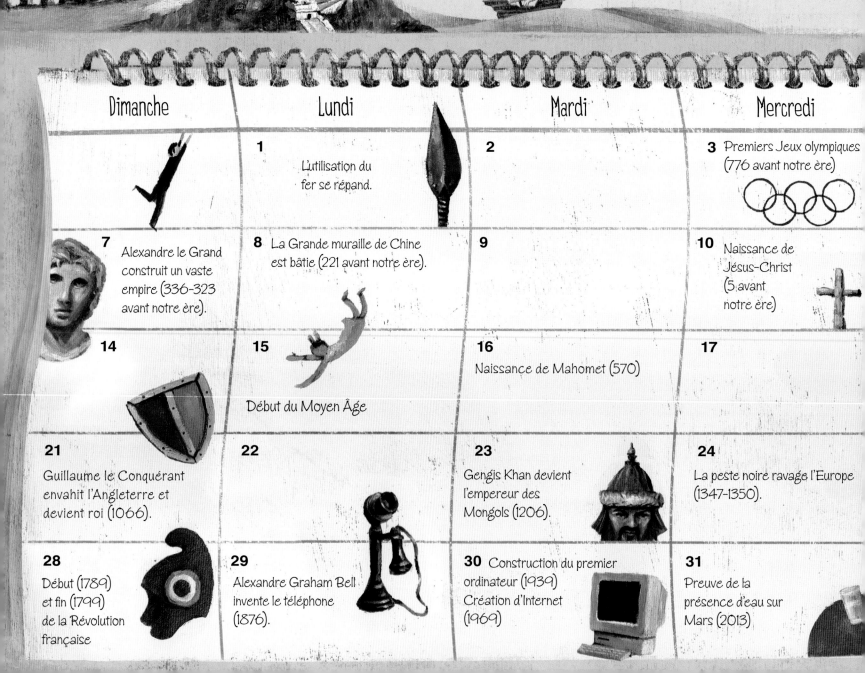

Dimanche	Lundi	Mardi	Mercredi
	1 L'utilisation du fer se répand.	**2**	**3** Premiers Jeux olympiques (776 avant notre ère)
7 Alexandre le Grand construit un vaste empire (336-323 avant notre ère).	**8** La Grande muraille de Chine est bâtie (221 avant notre ère).	**9**	**10** Naissance de Jésus-Christ (5 avant notre ère)
14	**15**	**16** Naissance de Mahomet (570)	**17**
	Début du Moyen Âge		
21 Guillaume le Conquérant envahit l'Angleterre et devient roi (1066).	**22**	**23** Gengis Khan devient l'empereur des Mongols (1206).	**24** La peste noire ravage l'Europe (1347-1350).
28 Début (1789) et fin (1799) de la Révolution française	**29** Alexandre Graham Bell invente le téléphone (1876).	**30** Construction du premier ordinateur (1939) Création d'Internet (1969)	**31** Preuve de la présence d'eau sur Mars (2013)

Si l'histoire des trois derniers millénaires se résumait en un mois...

Jeudi	Vendredi	Samedi
4	**5** Naissance de Bouddha (560 avant notre ère) Naissance de Confucius (551 avant notre ère)	**6**
11 Pompéi est détruite par l'éruption du Vésuve (79 de notre ère).	**12** Le papier est inventé en Chine (105 de notre ère).	**13**
18 La médecine et les sciences sont en plein essor en Espagne arabe (autour de 750).	**19**	**20** Les Vikings sont les premiers Européens à atteindre l'Amérique du Nord (fin des années 900).
25 Christophe Colomb arrive en Amérique (1492).	**26** Les premiers esclaves africains sont envoyés dans les Amériques (1510).	**27** Extinction du dodo (1690)

LES INVENTIONS À TRAVERS LES ÂGES

Si toutes les inventions et les découvertes faites par les humains étaient disposées sur un ruban gradué de 36 pouces de longueur...

il y aurait, à une extrémité, la première découverte humaine : le feu. Les humains ont utilisé le feu pour la première fois il y a 790 000 ans environ pour se tenir au chaud et faire cuire leur nourriture.

À mi-longueur environ, on situerait les premiers abris construits par les humains.

Le dernier dixième du dernier pouce comprendrait
toutes les inventions des deux derniers milléniaires :
de l'invention du chiffre zéro à celle du papier, en
passant par le plastique, les téléphones, les voitures,
les ordinateurs et les satellites.

36

35

30   31   32   33   34

Première utilisation
de l'arc et
des flèches

Invention de la roue

Invention de la poterie

LES INVENTIONS DU DERNIER

Le canon (inventé autour de 1127)

La presse à imprimer (1439)

La poudre à canon (inventée autour de l'an 1000) se trouverait près du début de la règle.

0   1   2   3   4   5   6

Le premier journal (1605)

Les lunettes (1286)

MILLÉNAIRE

Si les inventions du dernier millénaire étaient disposées sur cette règle...

La locomotive (1814)

L'avion, la radio, la télévision, l'ordinateur, l'énergie nucléaire, les jeux vidéo et nombre d'autres inventions sont apparues au 20e siècle et au début du 21e siècle. Elles se trouveraient sur le dernier pouce et demi de la règle.

Le téléphone (1876) et l'ampoule électrique (1880)

Le thermomètre (1724)

Internet, les DVD, les téléphones intelligents, les tablettes et les autres inventions que nous utilisons aujourd'hui seraient tout au bout de la règle.

8 9 10 11 12

LES CONTINENTS

Si la surface de la Terre était réduite de façon à remplir deux pages de ce livre...

✶ la partie en bleu, soit les trois quarts, représenterait les mers et les océans.

✶ les parties de différentes couleurs, soit le quart restant, représenteraient les continents :

- l'Asie couvrirait 7,5 % de la surface de la Terre

- l'Afrique, 5 %

- l'Amérique du Nord, 4,1 %

- l'Amérique du Sud, 3 %

- l'Antarctique, 2,3 %

- l'Europe, 1,7 %

- l'Océanie (Australie, Nouvelle-Zélande et autres îles du Pacifique), 1,4 %

Asie 7,5 %

Afrique 5 %

Amérique du Sud 3 %

Antarctique 2,3 %

Europe 1,7 %

Océanie 1,4 %

Amérique du Nord 4,1 %

L'EAU

Si toute l'eau
de la Terre était
représentée par
100 verres...

✭ 97 verres seraient remplis
d'eau salée provenant des
océans et de quelques lacs.

✭ 3 verres contiendraient de l'eau douce.
Un de ces verres représenterait toute
l'eau douce dont nous disposons. Le reste
serait l'eau des glaciers, l'eau en suspension dans
l'atmosphère et les eaux souterraines inaccessibles.

Qui utilise l'eau et pour quoi au juste? Nous utilisons environ 10 % de toute l'eau de la Terre pour nos besoins domestiques, comme boire, cuisiner ou laver. Les gens en Amérique consomment environ deux baignoires et demie d'eau par personne par jour pour des besoins domestiques. En Europe, c'est environ deux pleines baignoires. En Afrique, ce chiffre chute pour atteindre seulement un dixième de baignoire, même si, selon les Nations Unies, un quart de baignoire par personne est nécessaire pour assurer la santé et le bien-être.

Les besoins domestiques en eau sont faibles comparés à ceux de l'industrie et de l'agriculture. L'industrie en utilise deux fois plus que les ménages, soit environ 20 % de toute l'eau de la planète. Et l'agriculture requiert 70 % de l'eau de la Terre. Ainsi, les régions où l'eau est utilisée intensivement pour l'agriculture sont celles où la consommation est la plus élevée. L'Asie, en particulier, est responsable d'environ trois quarts de la consommation d'eau mondiale.

LES ESPÈCES D'ORGANISMES VIVANTS

Si toutes les espèces d'organismes vivants sur Terre étaient représentées par un arbre de 1 000 feuilles...

✮ 753 feuilles seraient des animaux — comprenant tous les animaux multicellulaires, des coléoptères aux chats en passant par les humains et les baleines.

TIC TAC À quelle vitesse les espèces disparaissent-elles? Il y a très longtemps, environ une feuille disparaissait de l'arbre tous les 1 000 ans. (Une feuille représente 1 750 espèces connues.) Aujourd'hui, cependant, le rythme des extinctions est plus rapide, principalement en raison de la destruction et de la perte des habitats naturels. Par conséquent, certains scientifiques prédisent que cet arbre à 1 000 feuilles pourrait en perdre jusqu'à 200 au cours des 20 prochaines années. Mais comme on découvre toujours de nouvelles espèces, de nouvelles feuilles viendront aussi s'ajouter à notre arbre.

✦ environ 46 feuilles seraient des protozoaires — organismes unicellulaires semblables à des animaux — et des algues.

✦ 41 feuilles seraient des fongus, comme les champignons et la levure.

✦ 154 feuilles seraient des plantes.

✦ 6 feuilles seraient des bactéries.

L'ARGENT

Si toute la richesse du monde, environ 223 billions de dollars américains (223 000 000 000 000 $), était représentée par une pile de 100 pièces de monnaie...

☆ 1 % de la population mondiale, soit la partie la plus riche, se partagerait 40 de ces pièces.

☆ 9 % de la population mondiale aurait 45 pièces.

☆ 40 % de la population mondiale aurait 14 pièces.

☆ 50 % de la population mondiale, soit la moitié la plus pauvre, se partagerait une seule pièce.

Si les 100 pièces étaient divisées entre les continents, voici comment elles seraient réparties...

Amérique du Nord, 32 pièces

Europe, 34 pièces

Asie, 22 pièces

Afrique, 3 pièces

Amérique du Sud, 6 pièces

Océanie, 3 pièces

L'ÉNERGIE

Si toutes les sources d'énergie du monde étaient représentées par 100 ampoules électriques...

✸ 2 ampoules électriques seraient alimentées par l'hydroélectricité
✸ 6 par l'énergie nucléaire
✸ 11 par les énergies renouvelables — vent, géothermie et biomasse
✸ 21 par le gaz
✸ 27 par le charbon
✸ 33 par le pétrole

Autrement dit, les combustibles fossiles (gaz, charbon et pétrole) alimenteraient 81 des 100 ampoules.

Hydroélectricité 2 %

Énergie nucléaire 6 %

Énergie renouvelable 11 %

Gaz 21 %

Charbon 27 %

Pétrole 33 %

Si toute la consommation d'énergie de la planète était une grosse tablette de chocolat de 12 morceaux...

✸ les gens en Asie et en Océanie (Australie, Nouvelle-Zélande et autres îles du Pacifique) consommeraient 4 morceaux

✸ les Européens, 3

✸ les Nord-Américains, 3

✸ les Africains, 1

✸ les gens d'Amérique centrale et du Sud, 1

L'ESPÉRANCE DE VIE

Si l'espérance de vie moyenne (durée de vie moyenne des gens) était représentée par des empreintes de pas dans le sable (1 empreinte correspondant à 1 an)...

✫ une personne laisserait en moyenne 70 empreintes de pas, parce que l'espérance de vie moyenne est de 70 ans. Mais c'est une moyenne; cela ne veut pas dire que tout le monde laisserait 70 empreintes de pas.

✫ les Sud-Américains, 74

✫ les Asiatiques, 70

✫ les Africains laisseraient 58 empreintes de pas

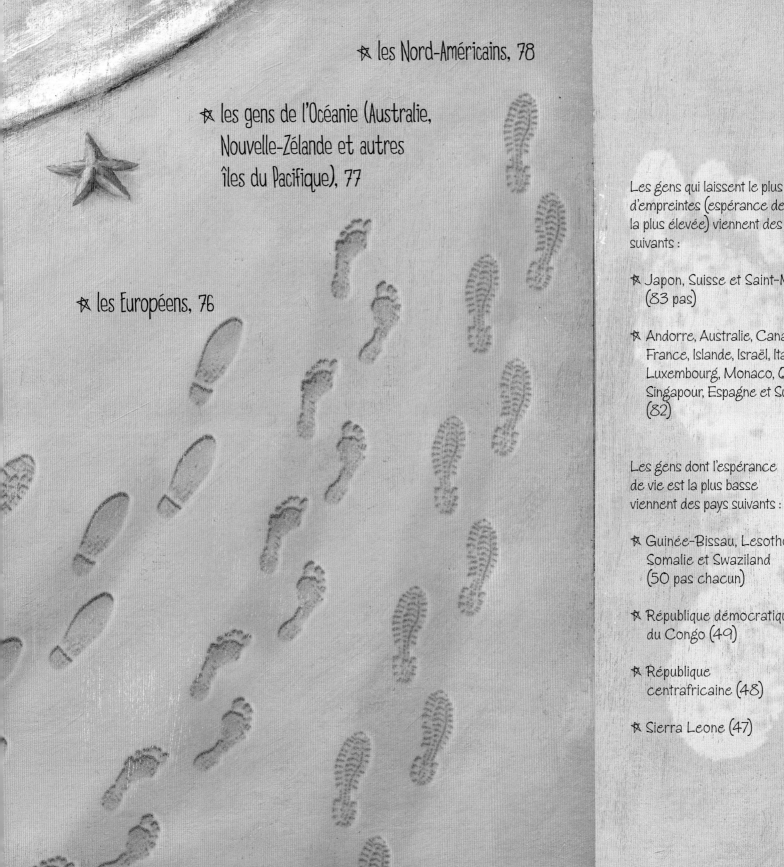

✭ les Nord-Américains, 78

✭ les gens de l'Océanie (Australie, Nouvelle-Zélande et autres îles du Pacifique), 77

✭ les Européens, 76

Les gens qui laissent le plus d'empreintes (espérance de vie la plus élevée) viennent des pays suivants :

✭ Japon, Suisse et Saint-Marin (83 pas)

✭ Andorre, Australie, Canada, France, Islande, Israël, Italie, Luxembourg, Monaco, Qatar, Singapour, Espagne et Suède (82)

Les gens dont l'espérance de vie est la plus basse viennent des pays suivants :

✭ Guinée-Bissau, Lesotho, Somalie et Swaziland (50 pas chacun)

✭ République démocratique du Congo (49)

✭ République centrafricaine (48)

✭ Sierra Leone (47)

31

LA POPULATION

Si la population mondiale actuelle, supérieure à 7 milliards de personnes, était représentée par un village de 100 personnes...

✪ en 1900, il n'y aurait eu que 32 personnes dans le village parce que le monde était beaucoup moins peuplé

✪ en 1800, 17 personnes

✪ en l'an 1000 avant notre ère, il n'y aurait eu qu'une personne dans le village

Toutes les heures, 15 000 bébés naissent et 6 432 personnes meurent dans le monde. Pendant que tu lisais cette phrase (10 secondes environ), 42 bébés sont nés et 17 personnes sont décédées; la population de la Terre a ainsi augmenté de 25 personnes.

⭐ en 1650, 10 personnes

⭐ en 1500, 8 personnes

⭐ en l'an 1 de notre ère, 3 personnes

Si la population mondiale continue de croître à ce rythme, il y aura 129 personnes dans le village en 2050 au lieu de 100.

LA NOURRITURE

Si toute la nourriture produite dans le monde
en un an était représentée par un pain de 25 tranches...

- ✶ 11 tranches proviendraient d'Asie
- ✶ 5 d'Amérique centrale et du Sud
- ✶ 4 d'Europe
- ✶ 2 ¾ d'Amérique du Nord
- ✶ 2 d'Afrique
- ✶ ¼ d'Océanie

Si toute la nourriture consommée dans le monde en
un an était représentée par un pain de 25 tranches...

- · 13 1/2 tranches seraient mangées par des Asiatiques
- · 4 1/4 par des Européens
- · 2 3/4 par des Sud-Américains et Centraméricains
- · 2 1/2 par des Africains
- · 1 3/4 par des Nord-Américains
- · 1/4 par des gens de l'Océanie (Australie,
  Nouvelle-Zélande et autres îles du Pacifique)

TA VIE

Si toute ta vie était représentée par une énorme pizza divisée en 12 parts...

4 parts symboliseraient le temps passé à l'école ou au travail.

1 part représenterait le temps passé à magasiner, à aider les autres et à faire des travaux ménagers.

1 part représenterait tes déplacements : aller à l'école ou au travail, faire les courses et partir en vacances.

4 parts représenteraient le temps que tu passes à te préparer à aller au lit et à dormir.

1 part représenterait le temps passé à préparer la nourriture et à la manger.

La dernière part correspondrait au temps consacré aux loisirs et aux activités récréatives, comme l'exercice, les jeux, les activités sociales et naviguer sur Internet.

Un mot aux parents et au personnel enseignant

Il y a dans notre monde et notre univers beaucoup de choses qui sont difficiles à saisir parce qu'elles sont d'une trop grande ampleur. En réduisant leur échelle, nous comprenons plus facilement leur dimension.

L'échelle réduite est un outil utile pour les architectes, les ingénieurs, les chercheurs du domaine médical et les modélistes. Comprendre ce que les nombres signifient et comment les utiliser est aussi un concept important en numératie. Nos enfants doivent être capables de calculer afin de devenir des citoyens avertis.

J'ai commencé à m'intéresser à la question de l'échelle quand j'étais enfant et que je construisais des modèles réduits de bateaux. En tant qu'enseignant, j'ai eu recours à un grand nombre d'activités liées aux modèles et à la réduction pour amener les enfants à réfléchir à la taille des grandes choses et aux relations qui existent entre elles. Ces exercices m'ont montré à quel point la réduction et la modélisation sont des outils efficaces. C'est à partir de ces idées que j'ai écrit ces livres : *Le monde est un village*, *If America Were a Village* et *This Child, Every Child*. Ils réduisent de grandes idées et de vastes enjeux à quelque chose de plus significatif et de plus facile à comprendre.

Voici quelques activités à faire avec les enfants pour les aider à comprendre le concept d'échelle.

Faites une collection de modèles réduits

Les enfants sont entourés de modèles réduits, comme les poupées, les petites voitures et les dinosaures. Rassemblez quelques jouets et aidez les enfants à trouver leur échelle. Par exemple, un vrai *Tyrannosaurus Rex* faisait environ 12 m de longueur. Mesurez un modèle réduit de *T. Rex* et trouvez son échelle. Disons que le jouet fait 10 cm de longueur. Le vrai *T. Rex* mesurait 12 m, soit 1 200 cm, ainsi l'échelle de ce modèle réduit serait de 10/1 200, que l'on représenterait par 1/120.

Cartes

Les cartes sont un autre exemple d'échelle utilisée dans la vie quotidienne. Elles réduisent quelque chose de grand (une ville, un état, un pays, le monde) en un objet que vous pouvez tenir entre vos mains et utiliser. Une carte comprend normalement une échelle, qui indique la proportion de la réduction sur la carte par rapport à l'original. Une carte murale des États-Unis ou du Canada peut indiquer 1/5 000 000, c'est-à-dire que 1 cm sur la carte = 5 000 000 cm dans le monde.

Essayez de faire une carte de votre école, de votre résidence ou de votre quartier et déterminez quelle est la meilleure échelle pour que la carte soit facile à manipuler et à utiliser.

La Terre comme une pomme

Cette activité fascinante qui consiste à réduire la Terre a été conçue en 1994 par Population Connection. Elle a depuis fait le tour du monde.

L'activité compare la Terre à une pomme. Éliminez les trois quarts de la pomme, ce qui représente l'eau de la Terre (océans, glaciers, lacs et rivières). Le dernier quart est la terre ferme; coupez ce quartier en deux. Un de ces morceaux représente les endroits qui sont inhabités et inhospitaliers pour les humains et les plantes cultivées (régions polaires, déserts, marais, hautes montagnes, etc.). Le morceau qui reste, le huitième de la Terre, est la zone où les gens peuvent vivre de façon confortable.

Maintenant, tranchez ce petit segment en quatre. Trois des morceaux représentent les terres qui ne peuvent pas être cultivées; elles sont trop rocailleuses, détrempées,

froides, abruptes ou le sol est trop mince pour y pratiquer l'agriculture, ou encore, elles ont déjà été cultivées, mais ont été transformées en villes, en autoroutes et autres développements humains. Mettez-les de côté. Le dernier morceau, soit le trente-deuxième de la surface de la Terre, est ce dont nous disposons pour la production alimentaire. Cette mince tranche doit nourrir tous les gens de la Terre.

Lignes du temps

La ligne du temps est un outil fantastique en classe, surtout en études sociales. Déroulez un gros rouleau de papier et fixez-le sur les murs de votre classe en une seule longue bande. Inscrivez à une extrémité la date du début de votre programme d'études sociales (par exemple, 1492, 1776, etc.) et à l'autre, inscrivez « aujourd'hui ». Puis, déterminez combien de centimètres représenteraient les années entre ces deux points repères. Ajoutez des événements au fur et à mesure que vous avancez dans votre étude. Par exemple, si l'histoire coloniale est votre sujet, vous pouvez ajouter : 1603, Champlain cartographie la Nouvelle-France; 1609, colonie de Virginie; 1620, Plymouth, etc.

On peut utiliser la ligne du temps dans le cadre de nombreux sujets — histoire européenne, monarchie anglaise, présidents des É.-U., inventions, etc.

La ligne du temps n'est pas nécessairement horizontale. Demandez aux enfants d'imaginer une ligne du temps verticale en visualisant une pièce de monnaie et un timbre en équilibre au haut de la tour Eiffel. Si toute la hauteur de la tour + la pièce de monnaie + le timbre représentent l'histoire de la Terre, alors la pièce de monnaie + le timbre symbolisent le temps que les humains ont passé sur la planète, et le timbre représente les écrits historiques, soit environ 3 000 ans. Explorez avec les enfants d'autres façons d'imaginer le passage du temps.

Concordance des échelles

Dessinez à la craie des contours d'animaux sur une grande aire en asphalte. (Si vous ne disposez pas d'espace à l'extérieur, utilisez un plancher ou même une grande feuille de papier.) Commencez par tracer une grande baleine bleue, le plus gros animal de la Terre. Comme une vraie baleine bleue fait environ 30 m de longueur, il vous faudra en réduire la taille pour que ce soit plus pratique. Dessinez à côté d'autres animaux en suivant la même échelle. Ou comparez les superficies des pays. La Russie est le pays le plus vaste, le Vatican, le plus petit, et les autres se situent entre les deux.

Agrandissement à l'échelle

Vous pourriez aussi essayer d'agrandir de petites choses. De nombreuses villes mettent en valeur quelque chose qui les représente au moyen de monuments gigantesques. Par exemple, on trouve à Alma, en Arkansas, la plus grosse boîte de conserve d'épinards au monde tandis qu'à Moose Jaw, en Saskatchewan, il y a un énorme orignal et à Tampa, en Floride, une quille gigantesque. Qu'est-ce qui pourrait symboliser votre famille ou votre école? Choisissez un objet et aidez les enfants à définir l'échelle qu'ils aimeraient utiliser. Aidez-les ensuite à calculer les dimensions du symbole agrandi.

Vous pourriez agrandir une image ou une carte de petite dimension. Divisez l'image que vous voulez agrandir en sections en créant une grille. Dessinez une grille plus grande sur une feuille de papier vierge. Copiez ensuite chacune des sections de la petite image sur les sections équivalentes de la grille plus grande.

Mais surtout, amusez-vous et explorez les possibilités!

David J. Smith

Sources

Sites Web

Plus d'une centaine de sites Web, y compris Wikipédia, ont été consultés lors des recherches effectuées pour créer ce livre.

Livres et rapports

Goode's World Atlas. Édition de J. Paul Goode et autres, Skokie (IL), Rand McNally, 2003, 2009.

Hubble: A Journey Through Space and Time. Edward Weiler, New York, Abrams, 2010.

Powers of Ten: About the Relative Size of Things in the Universe. Philip Morrison, Phylis Morrison et le bureau de Charles et Ray Eames, Santa Monica (CA), Eames Office, 1994. (D'après le film Puissance de dix de Charles et Ray Eames.)

The Planets. Dava Sobel, New York, Viking Penguin, 2005.

State of the World, 2012: Moving Toward Sustainable Prosperity ; State of the World, 2011: Innovations That Nourish the Planet ; State of the World, 2010: Transforming Cultures from Consumerism to Sustainability, Washington, Worldwatch Institute.

The World Almanac and Book of Facts. Édition de Sarah Janssen, New York, Infobase Publishing, 2010, 2011, 2012.

Indicateurs du développement dans le monde. Washington, Banque mondiale, 2012, 2011, 2010.

Livres pour enfants

A Cool Drink of Water. Barbara Kerley, Washington, National Geographic Society, 2006.

If America Were a Village. David J. Smith, Toronto, Kids Can Press, 2009.

If the World Were a Village (Le monde est un village). Deuxième édition, David J. Smith, Toronto, Kids Can Press, 2011.

One Well: The Story of Water on Earth. Rochelle Strauss, Toronto, Kids Can Press, 2007.

Tree of Life: The Incredible Biodiversity of Life on Earth. Rochelle Strauss, Toronto, Kids Can Press, 2004.